BEI GRIN MACHT SICH IHR
WISSEN BEZAHLT

- Wir veröffentlichen Ihre Hausarbeit,
  Bachelor- und Masterarbeit

- Ihr eigenes eBook und Buch -
  weltweit in allen wichtigen Shops

- Verdienen Sie an jedem Verkauf

Jetzt bei www.GRIN.com hochladen
und kostenlos publizieren

Die Perspektive ehemaliger Kandidaten von Castingshows. Die Bedeutung der Teilnahme für die Identitätsentwicklung

Özge Sakalar

Bibliografische Information der Deutschen Nationalbibliothek:

Die Deutsche Nationalbibliothek verzeichnet diese Publikation in der Deutschen Nationalbibliografie; detaillierte bibliografische Daten sind im Internet über http://dnb.d-nb.de abrufbar.

ISBN: 9783346639639
Dieses Buch ist auch als E-Book erhältlich.

Druck und Bindung: Books on Demand GmbH, Norderstedt Germany
Gedruckt auf säurefreiem Papier aus verantwortungsvollen Quellen

Das vorliegende Werk wurde sorgfältig erarbeitet. Dennoch übernehmen Autoren und Verlag für die Richtigkeit von Angaben, Hinweisen, Links und Ratschlägen sowie eventuelle Druckfehler keine Haftung.

Das Buch bei GRIN: https://www.grin.com/document/1194634

Inhaltsverzeichnis

Abkürzungsverzeichnis

DSDS	Deutschland sucht den Superstar
FSF	Freiwillige Selbstkontrolle Fernsehen
KJM	Kommission für Jugendmedienschutz der Landesmedienanstalten

1. Einleitung

Die vorliegende Arbeit stellt eine Ausarbeitung des Vortrags dar, der im Rahmen des Seminars „Die Bedeutung von Castingshows für die Lebensphase Kindheit und Jugend" am 22.11.2016 referiert worden ist. Zur Annäherung an die vorgegebene Thematik, Castingshows aus der Perspektive von ehemaligen Kandidat_innen zu beleuchten, werden empirische Befunde herangezogen. Die Referenzliteratur „Sprungbrett oder Krise? – Das Erlebnis Castingshow-Teilnahme" beschreibt demnach eine Studie, die insbesondere der Frage nachgeht, ob die Teilnehmenden einer Castingshow diese als eine persönliche Aufstiegschance wahrnehmen oder ob die Teilnahme in einen Zustand mündet, in dem psychische Schäden vorauszusehen sind (vgl. Götz et al. 2013: 9). *„Musik-Castingshows sind seit dem Jahr 2000 ein fester Bestandteil der deutschen Fernsehlandschaft [...]"* (ebd.: 8, Hervorheb. ÖG) und werden zukünftig – in angesichts der zunehmenden Digitalisierung – nicht an Bedeutung verlieren. „Das Casting geht weiter" (Gräßer, Riffi 2012: 27), heißt es und damit wird jene Vermutung gestützt, auch wenn der Versuch eines reinen Musikwettbewerbs[1] in Ansätzen erkennbar sei (vgl. ebd.). Im Folgenden soll die Fragestellung der Expertinnen beantwortet werden, indem das Augenmerk auf die wesentlichen Aspekte gelegt wird. Vor dem Hintergrund dieses Untersuchungsgegenstandes soll diese inhaltliche Gliederung ausgearbeitet werden:

Zuerst sollen die Rahmenbedingungen der erwähnten Studie geklärt und die methodische Vorgehensweise dargelegt werden. Aufbauend darauf wird sich den zentralen Resultaten der Untersuchung genähert: Die Herauskristallisierung von bestimmten Typen von Kandidat_in liefert das Fundament für eine Vorgehensweise, um die Auswirkungen differenter Ereignisse auf die Identität der Teilnehmenden einzuordnen (vgl. Götz et al. 2013: 35). Ergänzend hierzu dient die Definierung von bestimmten Krisenpotenzialen im Umgang Einzelner mit dem Erlebnis Castingshow-Teilnahme. Schließlich folgt eine Darlegung bestimmter Empfehlungen für die Praxis, um das Ausmaß möglicher Konsequenzen zu reduzieren und einen angenehmeren Umgang zwischen den Kandidat_innen – die teilweise sehr jung und somit in der Phase der Identitätsfindung und -festigung sind – und dem System Castingshow (inklusive dem Produktionsteam und der Jury). In den ersten

---

[1] D.h. ein Musikformat, in dem ausschließlich die Gesangskompetenzen über den Erfolg bzw. Misserfolg entscheiden und weniger auf die Bloßstellung der Kandidat_innen gesetzt wird. Beispielhaft sei hierfür *The Voice of Germany* (vgl. ebd.: 28).

Sitzungen des Seminars sind Grundlagen für eine kritische Perspektive auf das Performative Reality TV[2] geschaffen worden, wobei die Castingshow als Unterbegriff dessen fällt. Die Kritik findet ihren Anhaltspunkt in der Tatsache, dass genannte Musikformate (wie z. B. Deutschland sucht den Superstar (DSDS)[3] oder Star Search) nicht unbedingt auf die musikalischen Kompetenzen der Teilnehmenden ausgerichtet seien, sondern durch Stilisierung oder sogar Degradierung anhand gewisser Aspekte wie Kameraperspektive, Ton, Schnitt und zeitweise zusätzlich abwertender Kommentare der Jury, die Teilnehmenden in einen bestimmten Typen von Kandidat_in zwingen würden (vgl. Götz et al. 2013: 8). Es gibt sogenannte „Format-Bibeln" (ebd.: 13), die ebenso das typische Handeln der Jury im Vornhinein festlegen. Im Seminar werden Erklärungsansätze dafür genannt, weshalb sich Menschen immer häufiger Formate dieser Art ansehen, welche sich von ökonomischen bis hin zu parasozialen erstrecken. Grenzüberschreitungen und Skandalisierungen sind zum anderen ein Grund für höhere Einschaltquoten. Dementsprechend scheint es als zugutekommend, dass circa eine halbe Million Menschen in Deutschland bereits an einem Musikformat teilgenommen hat, um einem „[…] lukrative[n] Markt" (ebd.: 14) zu genügen.

2. Die Methode und das humanistische Menschenbild

Bei der Studie wird von einem Onlinefragebogen Gebrauch gemacht, der über einen Zeitraum von ca. drei Monaten im Jahr 2012 abrufbar war. Befragt wurden 59 ehemalige Kandidat_innen der letzten zwölf Jahre zu den Themenbereichen: Verlauf der Teilnahme, Motive für diese und das Erleben der Fernsehausstrahlung. Auf Grund der Beschäftigung mit der subjektiven Wahrnehmung der Befragten, handelt es sich hierbei um eine qualitative Studie (vgl. ebd.: 9). Eine Repräsentativität der Stichprobe für „Castingshow-TeilnehmerInnen im Allgemeinen" (ebd.: 36) bestehe daher nicht, weil Informationen zur Grundgesamtheit fehlten (vgl. ebd.). Auffallend ist die relativ symmetrische Geschlechterverteilung in der Stichprobe, welche aus 30 Frauen und 29 Männern zusammengesetzt ist. Daten der Untersuchung werden zum einen mit quantitativen Verfahren ausgewertet: So werden Quantifizierungen herangezogen – wobei bestimmte Eigenschaften systematisch mit Zahlenwerten erfasst werden – und standardisierte Fragen werden statistisch ausgewertet. Zur Veranschaulichung des statistischen Materials werden diverse grafische

---

[2] Performatives Reality TV lässt sich dadurch charakterisieren, dass Menschen in ihrer Alltagsrealität dargestellt werden, jedoch medientechnisch in Szene gesetzt und zum Teil mit Aufgaben und Herausforderungen konfrontiert werden, die sie zu bewältigen haben (vgl. Lünenborg et al. 2013: 22).
[3] (im Folgenden abgekürzt durch DSDS)

Darstellungen erstellt, welche neben dem Ziel der Übersichtlichkeit ebenso eine Vergleichbarkeit zwischen Geschlecht oder Altersgruppe ermöglicht[4]. Zum anderen dienen diese und weitere Interpretationen als Basis für die Entwicklung der bereits angedeuteten Krisenpotenziale. Die Autorinnen Götz, Bulla und Mendel (2013) gehen dabei von „[…] dem *humanistischen Menschenbild* und einem entsprechenden Verständnis von innerpsychischen Vorgängen" (ebd.: 35, Hervorheb. ÖG) aus. Dieser theoretische Ansatz legt ein Menschenbild „[…] im Sinne Carl Rogers (vgl. Rogers 1985)" (ebd.: 99) nahe[5]. Demnach formen Menschen aktiv mit Rückbezug auf ihre bisher selbstständig erworbenen Verarbeitungsmuster ihre Identität. Außerdem handelt es sich insofern von einem handlungsorientierten Ansatz, dass Menschen zur Selbstverwirklichung tendieren, d. h. einen gewissen Grad an Unabhängigkeit erwerben, um alltägliche Herausforderungen angemessen zu bewältigen. So führt Rogers (1985) an, dass sich „[z]unehmend […] ein Gefühl der Selbstverantwortung für diese Probleme" entwickelt (vgl. ebd.: 161). Erlebte Erfahrungen würden mit der Identität in Einklang gebracht (vgl. Goldstein 1934, zit. n. Götz et al. 2013: 100). Überdies wird diese Grundidee nun auf das Erlebnis Castingshow-Teilnahme angewendet. Hierbei werden Kandidat_innen als selbstverantwortlich und bewusst Handelnde im System Castingshow verstanden (vgl. Götz et al. 2013: 100). Die bekannten identitätsfördernden[6] bzw. -hemmenden[7] Kriterien begründen den Impuls für die Fragestellung, welche Bedeutung die Teilnahme an einer Castingshow letztendlich für die Identitätsentwicklung hat. Die folgenden Ergebnisse sind in Anbetracht der Tatsache zu sehen, dass Menschen subjektiv gesehen an *jeder* Erfahrung – sei es positiv oder negativ – wachsen würden, weshalb die Frage eher mit Hinblick auf die Integrierbarkeit der Erlebnisse in die eigene Identität bzw. auf das Ausmaß einer Krise untersucht wird (vgl. ebd.: 100).

3. Die Bedeutung der Castingshow-Teilnahme für die Identitätsentwicklung

Diese Integrierbarkeit von positiven oder negativen Erlebnissen in das jeweilige Selbstbild hängt von mehreren Faktoren ab. Während Manche das Erlebnis, durch die Jury medial diffamiert worden zu sein, positiv umdeuten können, tangieren Andere – aus der

---

[4] (vgl. hierzu auch ebd.: 62ff.)
[5] (vgl. hierzu auch Rogers 1985)
[6] Angelehnt an die Erkenntnisse von Dauber, Hutterer und Weiteren führen die Autorinnen der Referenzliteratur Voraussetzungen wie z. B. „wertschätzende Anerkennung, Kompetenz- und Autonomieerleben, Resonanz auf eigene Erlebniswelten sowie eine respektvolle Behandlung und das Gefühl von Sicherheit und Orientierung" (ebd.: 100) an.
[7] Identitätshemmende Kriterien können als überfordernde Situationen wahrgenommen werden und dann in psychische Erkrankungen resultieren (vgl. ebd.: 100).

Show erfolgreich Ausgegangene – die Grenzen ihrer Belastbarkeit. Fallvergleichend etablierten sich sieben differente Erscheinungsmuster, welche zum einen Informationen zum subjektiven Empfinden der Teilnahme liefern (d. h. die Einordnung als Wachstumschance bis zur selbstgefährdenden Krise) und zum anderen die Wahrnehmung *ihrer Inszenierung* durch das Mediensystem widerspiegeln (d. h. die Einordnung bezüglich einer Inszenierung als Hoffnungsträger_in oder als „[d]iffamierte[r] Loser" (ebd.: 101)) (vgl. ebd.: 101).

3.1 (Sieben) Typen der Verarbeitung

Typ 1 beschreibt die professionellen Musiker_innen, welche die Castingshow-Teilnahme als Chance bzw. als „[…] **Sprungbrett**" (ebd.: 103, Hervorheb. im Original) nutzen. Das Sich-Präsentieren und die dadurch erlangte Bekanntheit sind von ca. einem Drittel der Befragten ausgenutzt worden. Die Teilnahme wird im Nachhinein als ein Erlebnis gedeutet, an dem sie gewachsen sind, was durch die Aussage einer Kandidatin[8] bewiesen wird: *„Ich bin erwachsener geworden – mein Leben hat sich seither total verändert!"* (Woszczek, zit. n. ebd.: 103, Hervorheb. im Original). Der Prototyp Behnam Moghaddam[9] zeigt durch die späteren Interpretationen seines musikalischen und menschlichen Lerngewinns die Fähigkeit zum produktiven Umgang mit gewissen Herausforderungen und damit schließlich die Kompetenz zur „[…] ‚professionellen Selbstpositionierung' […]" (ebd.: 107).

Die Teilnahme wird von denjenigen ebenso als positiv und als Chance für die Identitätsentwicklung wahrgenommen, die dem Typ der „Neuentdeckung" (ebd.: 108) *(Typ 2)* zugerechnet werden. Dieser lässt sich in zwei weitere Erscheinungsmuster differenzieren. Während einige Kandidat_innen die durch die Teilnahme gewonnene musikalische Bereicherung betonen, befinden sich andere noch nach der Show im Verarbeitungsprozess. Ersteres Muster zeigt, dass trotz vieler Herausforderungen auf der Bühne, das Selbst in der Lage ist, diese in seine Identität zu integrieren und sich somit der Weg zur gesunden Identität ebnet. Der Prototyp Johannes Enns[10] hebt dabei die erlangte Reife „[…] *im Umgang mit Medien* […]" (ebd.: 109, Hervorheb. im Original) hervor. Ebenso scheint er die Absichten des Systems Castingshow erkannt zu haben, weil er von einer Vermarktung als Objekt spricht und von den Juror_innen mehr Fokus auf den Gesang fordert. Der Umgang mit den veränderten Bedingungen seines Lebens nach der Show sei möglicherweise auch

---

[8] (ehemalige Popstars-Kandidatin)
[9] (ehemaliger The Voice of Germany-Kandidat)
[10] (ehemaliger DSDS-Kandidat)

deshalb positiv ausgefallen, weil er sich nach dem Ausscheiden weiterhin seinem bevorstehenden Abitur widmen konnte. Insgesamt gewinnt sein Selbst an Stabilität und Klarheit, in dem es auch unangenehme Erfahrungen in das bisherige Muster integriert (vgl. ebd.: 108ff.). Anders ergeht es der damals 16-jährigen Lena[11], die nach der Show eine längere Verarbeitungszeit braucht:

> *„Jedoch liege ich auch immer noch fast jede Nacht, wobei alles schon fast ein halbes Jahr vorbei ist, in meinem Bett und denke darüber nach. Vermisse diese Zeit, vor allem, weil dieses plötzliche Ausscheiden einem diesen Traum sofort wieder wegnimmt"* (Lena, zit. n. ebd.: 114, Hervorheb. im Original).

Hierbei machen die Autorinnen darauf aufmerksam, dass Jugendliche in einem äußerst empfindlichen Stadium ihrer Identitätsentwicklung sind (vgl. ebd.).

Typ 3 beschreibt diejenigen Fälle, bei denen eine Typisierung der Kandidat_innen durch das Produktionsteam oder der Jury erfolgt, um letztendlich extrem positiv bzw. negativ inszeniert zu werden. Einer positiven Darstellung würde kein gestörter Verarbeitungsprozess folgen. Einer negativen Inszenierung hingegen würden - durch eine erlebte Diskrepanz zwischen dem selbst wahrgenommenen Ich und dem veröffentlichten Fremdbild – psychische sowie physische Schäden drohen (vgl. ebd.: 115). Als Prototyp wird die Kandidatin Sanne[12] angeführt, die die Proben in der Gruppe als positiv beschreibt, vor der Jury jedoch diffamiert wird und zusammenbricht, weshalb sie jene Phase als äußerst „[…] *deprimierend* [und] *traurig* […]" (ebd.: 115, Hervorheb. im Original) empfindet. Die emotionale Überforderung sei darin begründet, dass sie nicht mehr über sich selbst bestimmen kann und ihr nicht vorhandene Charaktereigenschaften zugeschrieben werden, welche letztendlich ihr Ausscheiden legitimieren würden (vgl. ebd.: 115f.). Auch Annemarie Eilfeld[13] gelte – über die ganze Show hinweg – als „abgewertete Hoffnungsträgerin" (ebd.: 116). Es handle sich hierbei um eine mediale Etablierung einer Figur, die sich gegensätzlich zu den „[…] von der Sendung in Anspruch genommenen Werten wie Fairness, Ehrlichkeit und Talent" (Lünenborg, Töpper 2012: 45) verhält und damit eine Fläche für scheinbar legitimierte Diffamierung durch die Jury erzeugt. Außerdem sei sie ein Beispiel für die Zusammenarbeit zwischen dem Sender RTL und der parallelen Boulevardberichterstattung, welche zu einem noch größeren Maß an negativer Darstellung beigetragen hat. Ihr freizügiges Auftreten und die gleichzeitige Abwertung von vielen Seiten ließen sie im System-Castingshow insofern scheitern, dass sie letztendlich ausgeschieden

---

[11] (ehemalige The Voice of Germany-Kandidatin)
[12] (anonymisiert als „Sanne" und ehemalige Popstars-Kandidatin)
[13] (ehemalige DSDS-Kandidatin)

ist. Obwohl ihr Selbstbild insgesamt verletzt worden ist, habe sie die Show verarbeiten können. Positive Wegbereiter seien hierfür die Einbindung in die eigene Familie, ihre musikalischen Vorerfahrungen sowie zeitweise das affirmative Feedback (vgl. Götz et al. 2013: 116ff.).

Neben den inszenierten, abgewerteten Kandidat_innen gebe es auch jene, die sich gewollt selbst inszenieren („*Typ 4:* […] Heimliche KomplizInnen des Mediensystems" (ebd.: 120, Hervorheb. ÖG)). Voraussetzung für diesen Typ bilden ein gesundes und urteilsfähiges Selbst, welche die Kandidatin Soraya[14] zu erfüllen scheint. Sie nutze die Bühne bewusst dafür, um mehr Aufmerksamkeit zu erlangen und einen „Spaßauftritt" (ebd.: 120) zu haben. Die Aspekte, dass sie die Teilnahme ernsten Teilnehmer_innen nicht empfiehlt und jene als Spaß betitelt, seien ein Zeichen für ein gesundes Selbstbewusstsein. Zudem habe sie die Absichten des Systems Castingshow erkannt und zeige durch ihre gewollte Selbstinszenierung „Autonomie und Kompetenz" (ebd.: 122), weshalb sie die Show schließlich – trotz negativer Darstellung ihrer Person – in positiver Verfassung verlässt (vgl. ebd.: 120ff.).

Unter anderem hat sich ein Muster für diejenigen Kandidat_innen entwickelt, die ihre Typisierung oder Diffamierung für sich positiv umdeuten können. Der Prototyp Andia[15] reagiert auf abwertende Kommentare – wie z. B. „*Alle Leute, die gesagt haben, dass du singen kannst, die haben dich angelogen, deshalb drei Mal 'Nein'*" (Dieter Bohlen, zit. n. ebd.: 123, Hervorheb. im Original) folgendermaßen: Sie ist von ihren musikalischen Fähigkeiten überzeugt, nimmt zudem lediglich bestärkende Reaktionen aus ihrem Umfeld wahr und zeigt keine Irritation durch die Aussagen der Jury. Diese Art der Verdrängung seien der Wegbereiter eines „[…] effektive[n] Selbstschutz[es]" (ebd.: 126). Bei diesem als „Krampfhaft Bewahrtes Selbst" bezeichneten Typ *(Typ 5)* gewinnen die Kandidat_innen schließlich an Selbstbewusstsein. Zudem nehmen sie durch die Castingshow-Teilnahme keine Schäden (vgl. ebd.: 123ff.).

Im Gegensatz dazu stehen Teilnehmer_innen, die ihre Teilnahme nicht positiv umdeuten können, weshalb sie mehrere Jahre nach der Show noch leiden. *Typ 6* kennzeichnet die Bloßgestellten, die die Show mit einem verletzten und erniedrigten Selbst verlassen. Durch den Zusammenschnitt des Videomaterials wird der Prototyp Sina[16] „[…] als

---

[14] (anonymisiert als „Soraya" und ehemalige DSDS-Kandidatin)
[15] (anonymisiert als „Andia" und ehemalige DSDS-Kandidatin)
[16] (anonymisiert als „Sina" und ehemalige DSDS-Kandidatin)

Freak[...]" (ebd.: 126) inszeniert. Neben der damaligen Beleidigung von Seiten der Jury habe sie heute – aufgrund der wiederholten Einblendung ihrer Show in darauffolgenden Staffeln und der Abrufbarkeit im Netz – ein beschämtes Selbst. Folglich fordert sie Schutz, damit es anderen Leuten nicht gleichermaßen ergeht (vgl. ebd.: 162ff.).

Zum anderen wird das Selbst mit Überforderungen bis hin zu psychischen Erkrankungen konfrontiert. Hierbei sei zu erwähnen, dass sowohl negativ inszenierte als auch erfolgreich aus der Show hervorgehende Personen von diesem Phänomen betroffen sein können. Die erlebten Gefühlzustände wie „[...] Angst[...], Appetitlosigkeit, Gefühle[...] wie ,nur noch zu funktionieren', ihre Körperwahrnehmung verloren zu haben[,] [...] Verunsicherung ihres Selbst und Symptome wie Depressionen" (ebd.: 129) sind symptomatisch für *Typ 7*. So gibt der Prototyp Janina[17] kund, wie sie es umgangen ist, sich eigene Fernsehausstrahlungen anzusehen. Ihre Aussagen zeugen von starker Kritik an der eigenen Person, was die Konzentration auf eigene Fehler lagert. Trotz solcher Disharmonien zwischen Selbstwahrnehmung und medialer Darstellung sowie eines Übermaßes an – durch neu erlangte Prominenz herbeigeführten – Telefonanrufen habe sie ihren Weg gefunden, diese Erfahrungen in ihr Selbst einzugliedern. Sie sei aus dem System-Castingshow reflektiert und weniger naiv hervorgegangen (vgl. ebd.: 129ff.). Zusätzlich zu dem Druck durch die Bühnenshow können allerdings verletzende Typisierungen der Kandidat_innen dafür ausschlaggebend sein, in Situationen der Überbelastungen zu versinken. Hierbei werden Depressionen als „[...] natürliche Folgereaktion des Selbst" (ebd.: 133) gesehen. Jedoch könnten die Antworten und die Teilnahme an der Befragung einer betroffenen Kandidatin Anna[18] ein Indiz dafür sein, dass diese ihre Situation mit mehr Distanz betrachten und dementsprechend das Erlebnis Castingshow-Teilnahme in ihre Identität einbetten kann. Kandidat_innen – die dem Typ 7 zugeordnet werden – würde die Verarbeitung von Krisenpotenzialen schwierig fallen (vgl. ebd.: 131ff.). Im Folgenden werden mannigfaltige Krisenpotentiale erläutert, die mit der Teilnahme an einem der Musik-Castingshows korrelieren.

---

[17] (anonymisiert als „Janina" und ehemalige Unser Star für Oslo-Kandidatin)
[18] (anonymisiert als „Anna" und ehemalige DSDS-Kandidatin)

3.2 Krisenpotenziale

Vorab bedarf es einer Auseinandersetzung mit dem Begriff der Krise. Diesem wird Normalität und Relevanz zugeschrieben, wenn es davon handelt, dass das Individuum in Folge einer Krise – durch angemessene bzw. unangemessene Integration seiner Erfahrungen – seine bestehenden individuellen Möglichkeiten ausbaut (vgl. ebd.: 139). Entscheidend sei der Grad der Produktivität dieses Prozesses: So bewirke eine angemessene Verarbeitung der Krise die Stärkung des Selbst. Inwiefern die Krisen von den Einzelnen produktiv genutzt werden, hänge „[…] von dem Individuum selbst, seinen Verarbeitungsmechanismen und seiner Resilienz ab" (ebd.: 139)[19].

Eines der Krisenpotenziale stellt die *physische Belastung* während der Drehtage dar, da Kandidat_innen – im Gegensatz zu langjährig erfahrenen Juroren z. B. – den scheinbar hohen Anforderungen (z. B. den langen Arbeitszeiten über längere Zeitspannen hinweg) nicht direkt gewachsen seien (vgl. ebd.: 137). Mit dem Mechanismus stets „[…] ‚zu funktionieren' […]" (ebd.: 137) und ein optimales Ergebnis zu erzielen, etabliert sich das Bild vom *Menschen als Objekt*, weshalb schließlich von einer Zweckentfremdung dessen gesprochen werden kann (vgl. ebd.: 137). Das zweite Krisenpotenzial geht auf die *Typisierungen* der Kandidat_innen durch das Mediensystem zurück. Hierbei entstehen Dissonanzen zwischen Wahrheit und medialer Darstellung, da das Produktionsteam zwecks höherer Einschaltquoten das Videomaterial zuschneidet und bearbeitet. Das Endergebnis einer möglichst attraktiven Sendung kann für Kandidat_innen – je nach Ausmaß der Typisierung – ein hohes Krisenpotenzial bedeuten (vgl. ebd.: 137). Das *Ausscheiden aus der Show* sowie die gleichzeitige Abwertung bringen vor allem für diejenigen ein hohes Krisenpotenzial, die die Teilnahme als wahrhaftige Chance wahrnehmen, auf diesem Wege ihren Traumjob zu verwirklichen. Abwertende Kommentare tragen zusätzlich dazu bei, dass Kandidat_innen in Selbstkrisen verfallen. Überdies werden die Begründungen der Jury für einen Rauswurf anhand medientechnischer Methoden für die Zuschauer_innen akzeptabel gemacht. Dieser scheinbar legitimierte Rauswurf entspricht dabei kaum der Selbstwahrnehmung der Kandidat_innen. Das erneute Auseinanderdriften von Realität und öffentlicher Darstellung kann von Teilnehmenden lediglich mühsam verarbeitet wer-

---

[19] Da das System Castingshow auf Kommerzialisierung setze, ergebe sich kein „pädagogischer Rahmen" (ebd.: 139) für die Verarbeitung solcher Krisen (vgl. ebd.). Obwohl sich Jugendliche eigenwillig für die Teilnahme bereiterklären, gibt es besondere Empfehlungen, um die tatsächlichen Konsequenzen (so in Form psychischer Schäden) zu prüfen. Diese werden in Kapitel 3.3 weiter erläutert.

den (vgl. ebd.: 137). Ein weiteres Krisenpotenzial geht mit der mangelnden Zeit zur Verarbeitung solcher Erfahrungen einher. Wegen der Größe der Bühne[20] – mit welcher ständige, mediale Anwesenheit einhergeht – sowie des Wegbleibens vom eigenen sozialen Umfeld, habe das Individuum mit Belastungen „[…] körperliche[r], emotionale[r] und psychische[r]" (ebd.: 138) Art zu kämpfen (vgl. ebd.). Ferner bestehe Potenzial für eine Krise darin, dass der Umgang mit der *Prominenz* durch die dominantere Rolle der Zuschauer_innen erschwert werde. Das Publikum baue nämlich parasoziale Beziehungen zu den Kandidat_innen auf, womit sie das Recht für sich beanspruchten, ständig über die Teilnehmenden urteilen zu dürfen. Diese Art von Vertrautheit und die gleichzeitig neu errungene Bekanntheit würden insbesondere dann für das Selbst bedrohend sein, wenn dieses aufgrund nicht überwundener Krisenpotenziale bereits vorbelastet sei (vgl. ebd.). Die sich nach der Show anbahnende *Umstellung auf das alltägliche Leben* stellt ein letztes Krisenpotenzial dar. Die Kandidat_innen müssen sich wieder an ihren alten Tagesrhythmus gewöhnen. Daraus resultiere eine innerliche Spaltung, weshalb einer produktiven Verarbeitung Hindernisse gestellt würden. Das Individuum sei jedoch genötigt, die Erfahrungen in sein Selbst einzubetten und über diesen Zustand ausreichend zu reflektieren. Bei diesem Krisenpotenzial sei die zukünftige Haltung, sein Leben als „[…] vergleichsweise unspektakulär" (ebd.: 139) anzusehen, ein absehbares Phänomen, welches zu jedem späteren Zeitpunkt des Lebens auftreten könne (vgl. ebd.). Aufgrund dieser sieben typischen Krisenpotenziale resultiert ein Bedarf nach verantwortungsvollem Umgang mit Kandidat_innen, welcher sich im Folgenden in den Empfehlungen der Autorinnen äußert.

3.3 Empfehlungen

Die Autorinnen führen an, dass bestimmte Krisenpotenziale dem System innewohnen und nennen hierbei das Beispiel des öffentlichen Selektionsprozesses der Kandidat_innen. Sie fordern allerdings, dass dieser nicht rufschädigend verlaufen, sondern mit Respekt gegenüber den Kandidat_innen ausgehandelt werden soll. So sollte das Produktionsteam dafür sensibilisiert werden, welche Wirkungen ihr Handeln mitbringt und durch bestimmte Arbeitsweisen entlastende Bedingungen für den Verarbeitungsprozess der Kandidat_innen schaffen. Mit Hinblick auf den Jugendmedienschutz gelte es, den kommerziellen Erfolg von Jugendlichen mit bestimmten rechtlichen Grenzen zu rahmen und diesen Rahmen nicht zu überschreiten. Die Darlegung solcher Überschreitungen durch die Kommission

---

[20] (im eigentlichen und übertragenen Sinn)

für Jugendmedienschutz (KJM)[21] sowie der Einsatz von Strafrechten seien unabdingbare Maßnahmen (vgl. ebd.: 140ff.). Des Weiteren wird gefordert, die Folgen von DSDS durch die Freiwillige Selbstkontrolle Fernsehen (FSF)[22] im Vorhinein prüfen zu lassen. Die Empfehlung appelliert somit an die Sorgfalt und Sensibilisierung der FSF (vgl. ebd.: 142f.). Darüber hinaus deuten die Autorinnen die Frage an, inwiefern für jugendliche Teilnehmende zwischen 16 und 21 Jahren besondere Richtlinien zur Bewahrung vor bspw. Rufschädigung entwickelt werden sollten. Weiterhin sei empfehlenswert, die Medienkompetenz der Schülerschaft zu fördern, indem dieser ins Bewusstsein gerufen wird, dass viele der Kandidat_innen – die im Fernsehen präsent sind – typisiert werden und diese Typisierung häufig nicht gerecht verläuft. Allgemein wird eine Sensibilisierung „[…] des öffentlichen Diskurses" (ebd.: 143) und eine Konzentration auf die angemessene Vermittlung von Werten und Qualität gefordert (vgl. ebd.). Eine letzte Empfehlung beruht auf der Definition der Qualität durch die Formate selber. Jene würde die Auswirkungen der Krisenpotenziale deutlich abschwächen. Der Versuch, trotz kommerziellen Erfolgs auf mehr Qualität und Respekt gegenüber den Kandidat_innen zu setzen, sei von DSDS in der Staffel 2013 gestartet worden. Supervisionen sowie direkte Hilfe in der Praxis bspw. in Form einer psychologischen Begleitung seien erwünschte Maßnahmen (vgl. ebd.: 143f.). Demnach definieren die Autorinnen die zu leistende Qualität als „[…] die *Übernahme von Verantwortung* vor, während und zumindest auch eine gewisse Zeit nach dem ‚Erlebnis Castingshow-Teilnahme'" (ebd.: 144, Hervorheb. ÖG).

4. Schlussteil

Zurückgreifend auf die Studienergebnisse ist festzustellen, dass die unterschiedliche Verarbeitungsweise der Castingshow-Teilnahme zum einen davon abhängt, welche konkreten Erlebnisse bei der Teilnahme am Mediensystem durchlaufen werden und zum anderen mit dem Grad der Typisierung (positive bzw. negative Inszenierung) einhergeht (vgl. Anhang 1). Fraglich bleibt – neben der inhaltlichen Auswertung und wie von den Autorinnen bereits angeführt (vgl. ebd.: 36), die Repräsentativität der Studie. So beträgt der Anteil der DSDS-Kandidat_innen an der Gesamtstichprobe bereits ein Drittel (vgl. Anhang 2). Dieser Aspekt rückt insbesondere das Format DSDS in ein negatives Licht, während The Voice of Germany als Format hervorsticht, in dem den Kandidat_innen eher Wachstum-

---

[21] (im Folgenden abgekürzt durch KJM)
[22] (im Folgenden abgekürzt durch FSF)

schancen gewährt werden. Die symmetrische Geschlechterverteilung deutet auf eine proportionale Ziehung der Stichprobe hin, welche wiederum eine wichtige Voraussetzung für die Repräsentativität darstellen könnte, wenn es sich um eine Zufallsstichprobe handelte. Dies sei nicht der Fall[23], weshalb dem/r Leser/in vermittelt wird, dass im Rahmen der Studie prototypisch bewusst nach Personen gesucht worden ist, welche in Folge einer Castingshow-Teilnahme bestimmte Phasen der Selbstkrise bzw. des Wachstums durchlaufen sind. Allerdings ist anzumerken, dass der Untersuchungsgegenstand der Studie auf die individuellen Lebensverläufe ausgerichtet ist, weshalb der Fokus auf diesen narrativen Interviews insgesamt als vorteilhaft erscheint. Die Erhebung von Daten nach dem Geschlecht bringt zudem wichtige Erkenntnisse: So zeigt die Studie an diversen Stellen, dass Kandidaten – laut subjektiver Wahrnehmung – besser behandelt worden seien als Kandidatinnen (vgl. ebd.: 66). Hierbei sei angemerkt, dass der Eindruck dieses geschlechtsspezifischen Unterschiedes die Tatsache vernachlässigt, dass Mann und Frau unterschiedliche Bewältigungsmuster haben und diese als mögliche Fehlerquelle die statistischen Ergebnisse verfälschen könnten[24]. Demnach müssen die Angaben des jeweiligen Geschlechts nicht realitätstreu sein, sondern sie können ein Effekt subjektiver Interpretation sein. Warum wird dann noch die Methode des qualitativen Interviews genutzt, wenn mit Fehlerquellen dieser Art zu rechnen ist? Becker (2006) beschäftigt sich mit dem Erinnerungsvermögen und behauptet, dass insbesondere die persönlichen Ereignisse, die an „[…] starke positive oder negative Emotionen gekoppelt" (ebd.: 161) sind, gut in Erinnerung bleiben. Kein anderer Einfluss von außen könnte den Menschen[25], in einen derartigen Zustand versetzen, wie es die persönlich erlebten Ereignisse tun (vgl. ebd.: 161f.). Daher ist bei dieser qualitativen Studie insgesamt von einer gewinnbringenden Methode zu sprechen.

Eine weitere Anmerkung geht auf die von den Autorinnen der Referenzliteratur angeführten Empfehlungen zurück, unter anderem beratende Personen an die Seite der Kandidat_innen zu stellen und die vorhandenen Machtverhältnisse – zwischen dem System Castingshow und den teils minderjährigen Kandidat_innen – nicht für verletzende Typi-

---

[23] Es kommt nämlich das Schneeballverfahren zum Einsatz (vgl. ebd.: 35).
[24] Hierzu zählt unter anderem die soziale Erwünschtheit als maßgebliche Fehlerquelle, eigene Antworten in gesellschaftlich anerkannte Antworten umzuformulieren (vgl. hierzu auch Stangl 2017b: o.S.). Somit kann es plausibel erscheinen, dass Männer dazu tendieren, dem typisch männlichen Rollenideal zu entsprechen und selten die Verliererrolle anzunehmen.
[25] (in diesem Fall auch die Kandidat_innen einer Castingshow)

sierungen auszunutzen. Hier besteht die Problematik, dass das Mediensystem Erkenntnisse und Wissensbestände der Erziehungswissenschaft transformieren und filtern würde,
da es um die „[…] Aufbereitung wissenschaftlicher Erkenntnisse für ein außerwissen-
schaftliches Verwendungsfeld" (Becker 2006: 58)[26] ginge (vgl. ebd.). Terhart (2001)
führt zudem an, dass Erziehungswissenschaftler_innen in öffentlichen Debatten selten
ihre eigenen Erkenntnisse einbringen und sie „[…] allenfalls am Rande eine Rolle […]"
(ebd.: 23) spielen würden. Angesichts dieser Gedanken ist ein wiederstreitendes Span-
nungsverhältnis zwischen der Erziehungswissenschaft und dem Mediensystem zu begründen, aus Anlass dessen die wissenschaftliche Disziplin der *Medienpädagogik*[27] aus-
giebig forscht. Diese Überlegungen sollten bei der Auflistung von Empfehlungen durch
die Autorinnen an das System Castingshow nicht unberücksichtigt bleiben.

Insgesamt ist festzuhalten, dass hier zwei voneinander unterscheidbare Ebenen existieren:
die Mikroebene des Individualakteurs, in dem Fall der/die einzelne Kandidat_in, der sein
Handeln im Rahmen bestimmter Regelungen gestalten muss. Diese Regelungen wiederum müssen im System Castingshow ausgehandelt werden, die als Mesoebene bezeichnet
werden kann. Aus dem Aufeinandertreffen dieser Ebenen resultieren – als Ergebnis der
vorgelegten Studie – psychische Auswirkungen *für das Individuum* und Folgen in Form
von Kritik *für das System Castingshow*. Diese Kritik wird durch die Gesellschaft und
insbesondere die Erziehungswissenschaft ausgetragen und in umfassenden Überlegungen
zur Förderung der Medienkompetenz widergespiegelt[28].

---

[26] (hier konkret für das kommerzielle Mediensystem)
[27] (vgl. hierzu auch Stangl 2017a: o.S.)
[28] (vgl. hierzu auch Schorb, Wagner 2013: 19ff.)

5. Literaturverzeichnis

Becker, N. (2006): Die neurowissenschaftliche Herausforderung der Pädagogik. URL: http://www.pedocs.de/volltexte/2012/5580/pdf/Becker_2006_Neurowissenschaftliche_Herausforderung_D_A.pdf. [Stand: 24.02.2017].

Gräßer, L.; Riffi, A. (2012): The (Casting-)Show must go on ... . In: Hajok, D.; Selg, O.; Hackenberg, A. (Hrsg.): Auf Augenhöhe. Rezeption von Castinshows und Coachingsendungen. Konstanz: UVK, S. 17-33.

Götz, M. et al. (2013): Sprungbrett oder Krise? Das Erlebnis Castingshow-Teilnahme. LfM-Dokumentation Band 48. Berlin: Vistas [u.a.].

Lünenborg, M. et al. (2013): Skandalisierung im Fernsehen. Strategien, Erscheinungsformen und Rezeption von Reality TV Formaten. Schriftenreihe Medienforschung der LfM Band 65. Berlin: Vistas [u.a.].

Lünenborg, M.; Töpper, C. (2012): Das System Castingshow. URL: http://www.br-online.de/jugend/izi/deutsch/publikation/televizion/25-2012-1/lueneborg_castingshow.pdf. [Stand: 24.02.2017].

Rogers, C. - R. (1985). Die Entwicklung der Persönlichkeit: Psychotherapie aus der Sicht eines Therapeuten. Stuttgart: Klett-Cotta.

Schorb, B.; Wagner, U. (2013): Medienkompetenz – Befähigung zur souveränen Lebensführung in einer mediatisierten Gesellschaft. URL: http://www.medienkompetenzbericht.de/pdf/Medienkompetenzfoerderung_fuer_Kinder_und_Jugendliche.pdf. [Stand: 24.02.2017].

Stangl, W. (2017a): Medienpädagogik. Lexikon für Psychologie und Pädagogik. URL: http://lexikon.stangl.eu/832/medienpaedagogik/. [Stand: 24.02.2017]

Stangl, W. (2017b). soziale Erwünschtheit. Lexikon für Psychologie und Pädagogik. URL: http://lexikon.stangl.eu/1807/soziale-erwuenschtheit/. [Stand: 24.02.2017]

Terhart, E. (2001): Bildungsforschung, Bildungsadministration, Bildungswirklichkeit: eine systematische Annäherung. In: Tillmann, K.-J.; Vollstädt, W. (Hrsg.): Politikberatung durch Bildungsforschung. Das Beispiel: Schulentwicklung in Hamburg. Opladen: Leske + Budrich, S. 17-32.

6. Anhang

6.1 Anhang 1: Zusammenfassende Darstellung der Typen

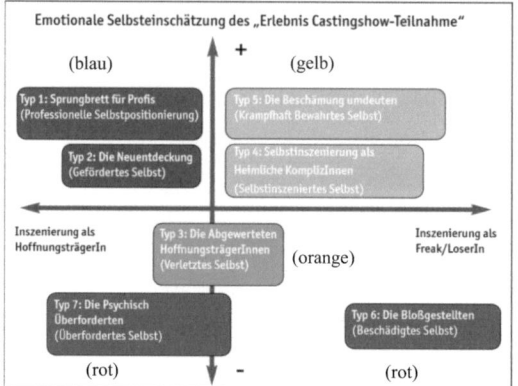

Abbildung 48: Sieben Typen der Bedeutung des „Erlebnisses Castingshow-Teilnahme" für das Selbst – von eher positiver bis eher negativer Inszenierung

(Quelle: Götz et al. 2013: 134)

6.2 Anhang 2: Anteile der vertretenen Formate

(In absteigender Reihenfolge)

(Quelle: ebd.: 37)